ÉMILE TRAVERS

L'HISTOIRE CHRONOLOGIQUE

DES

ÉVÊQUES D'AVRANCHES

de Julien NICOLE

ÉVREUX

IMPRIMERIE DE L'EURE

—

1899

membre de l'Institut,
Très respectueux hommage,
E. T.

ÉMILE TRAVERS

L'HISTOIRE CHRONOLOGIQUE

DES

ÉVÊQUES D'AVRANCHES

de Julien NICOLE

ÉVREUX
IMPRIMERIE DE L'EURE

—

1899

(Extrait de la *Revue catholique de Normandie*, tome VIII)

L'HISTOIRE CHRONOLOGIQUE

DES

ÉVÊQUES D'AVRANCHES

de Julien NICOLE.

La Société de l'Histoire de Normandie (1) vient de réimprimer un intéressant ouvrage de Me Julien Nicole, curé de Carnet, au xviie siècle, qui fournit de précieux renseignements sur les évêques d'Avranches et dont je vais dire ici quelques mots.

L'édition originale porte pour titre : *Histoire chronologique des Évêques et du Gouvernement ecclésiastique et politique du diocèse d'Avranches*, par Maître Julien Nicole, prêtre licencié, curé de Carnet et doyen de la Croix en Avranchin. A Rennes, chez Mathurin Denys, imprimeur et libraire, rue Saint-Germain, 1669, (pet. in-12 de 101 p.). Elle est devenue rare et ne se rencontre que bien difficilement dans les collections publiques ou privées, même les plus riches, de notre province.

En tête du livre se trouve une épître dédicatoire, écrite dans le style pompeux à la mode du temps, et adressée par Julien Nicole « à Monseigneur l'Illustrissime et Reverendissime Gabriel Philippe de Froulay-de-Tessé, Evêque d'Avranches, conseiller du Roy en tous ses conseils, etc. » (2), zélé prélat auquel le diocèse dut la

(1) *Société de l'Histoire de Normandie. Mélanges* (quatrième série). Rouen, 1898, in-8° de 247 pages. La réimpression de Nicole occupe les pages 1 à 109.

(2) Gabriel-Philippe de Froulay de Tessé, évêque d'Avranches de 1669 à 1680, fils de René, comte de Tessé, et de Marie d'Escoubleau de Sourdis, sœur

fondation de l'hospice d'Avranches, celle du grand séminaire et le développement des écoles primaires et gratuites dans les campagnes, grâce aux remarquables prescriptions qu'il avait adressées à son clergé et à l'établissement des sœurs de la Providence, aujourd'hui congrégation de Notre-Dame-du-Mont-Carmel.

A la suite de cette dédicace viennent deux épigrammes composées en l'honneur du curé de Carnet, par Denis Busnel, prêtre d'Avranches, la première en latin, la seconde en français, dans laquelle il est fait allusion à un autre « chef-d'œuvre » de Julien Nicole (1); puis, une troisième épigramme et une anagramme en latin, par Gilles Turpin, prêtre de Cuves.

Ce fut sans doute la *Chronologie historiale des Archevesques de Rouen*, par Jean Dadré, publiée en 1618, qui inspira à Julien Nicole l'idée de composer pour le diocèse d'Avranches un ouvrage analogue dont la rédaction lui fut facilitée par les fonctions qu'il exerça pendant longtemps au siège même de l'évêché.

*
* *

Né à Saint-Laurent-de-Cuves le 14 mars 1629, Julien Nicole, après avoir reçu la prêtrise et le titre de licencié ès droits, fut d'abord attaché à la cathédrale d'Avranches. En 1665, il devint curé de l'importante paroisse de Notre-Dame de Carnet qu'il gouverna jusqu'à sa mort, c'est-à-dire pendant trente-sept ans. Il fut aussi doyen de la Croix-en-Avranchin et travailla, pendant trois ans au moins, à la composition de l'*Ordo* du diocèse. Mgr de Tessé le nomma vicaire-général en 1681 et il conserva cette haute fonction sous les épiscopats de Pierre-Daniel Huet et de Roland-François de Kerhoent de Coëtanfao, tout en continuant à résider dans sa paroisse où il attirait beaucoup de jeunes gens qu'il préparait à entrer dans les ordres et où il déployait un dévouement sans bornes pour le développement des petites écoles. Cet excellent

du cardinal de Sourdis, archevêque de Bordeaux. Ses nièces Marie, Suzanne et Gabrielle de Froulay furent abbesses ou religieuses du couvent des Bénédictines de Sainte-Anne d'Avranches.

(1) Il s'agit des Statuts de la Confrérie de Sainte-Anne pour l'église de Carnet, opuscule qui renfermait le petit office de sainte Anne et dont on connaît deux éditions, une de 1665 et une autre de 1668, imprimée à Rennes, chez Audran.

prêtre mourut le 9 mai 1702 et fut enterré dans l'église de Carnet, où sa pierre tombale se voit encore du côté de l'Évangile auprès du maître-autel.

*
* *

La nouvelle édition de l'*Histoire des Evesques d'Avranches* et les notes savantes dont elle est enrichie sont dues à M. Ch.-A. de Beaurepaire, qui honore un nom si cher à l'érudition et aux lettres de notre province. L'initiative de la Société de l'Histoire de Normandie a droit à la reconnaissance de tous ceux qui s'intéressent aux recherches sur nos anciens diocèses et M. Ch.-A. de Beaurepaire mérite de sincères félicitations pour le talent avec lequel il a accompli sa tâche.

Quant au livre en lui-même, « c'est, dit l'éditeur, l'œuvre d'un prêtre consciencieux et véritablement ami de l'histoire religieuse de son pays. Le style en est simple et, malgré plusieurs inexactitudes, ce livre est encore utile à consulter (1)... Il est juste de faire observer que le livre de Me Julien Nicole parut un siècle avant la *Gallia* (2). Depuis la grande publication des Bénédictins, la ville d'Avranches a été l'objet, spécialement dans notre siècle, d'études historiques aussi nombreuses que variées. Nous nous faisons un devoir de rappeler les noms de MM. Fulgence Girard, l'abbé Desroches, Le Héricher, l'abbé Lecanu, Laisné, E. de Beaurepaire, Mgr Deschamps du Manoir et l'abbé Pigeon ». A tous ces travailleurs, bien dignes d'éloges eux aussi, M. Ch.-A. de Beaurepaire a eu recours pour ses notes, dans lesquelles il a ajouté le fruit de ses recherches personnelles. Aussi, malgré quelques fautes très légères, la nouvelle édition du livre du curé de Carnet, est-elle au rang des meilleures publiées sous les auspices de la Société de l'Histoire de Normandie.

(1) On y trouve notamment d'utiles indications sur des travaux de construction ou d'embellissement exécutés à la cathédrale dont les derniers vertiges ont été anéantis en 1811.

(2) Le tome XI de la *Gallia christiana*, consacré à la province ecclésiastique de Rouen, fut publié en 1759. Les Bénédictins ont dû connaître le livre de Nicole, dont ils semblent avoir purement et simplement traduit certains passages.

* * *

On sait qu'il est bien difficile, et même parfois impossible, d'établir la série des titulaires des diocèses de France. Celle des évêques d'Avranches ne fait pas exception à la règle.

Je vais reproduire ici d'une façon très sommaire la liste dressée par Nicole, en y ajoutant quelques extraits de son livre relatifs à des faits non mentionnés, ou cités avec moins de détails, dans la *Gallia christiana*. En même temps, je dirai — ce que n'a pas toujours fait M. Ch.-A. de Beaurepaire — en quoi la chronologie du curé de Carnet diffère de celle des Bénédictins. Mais je m'empresse de reconnaître que, si j'ai constaté l'existence de divers problèmes, je ne les ai guère résolus, et que je me borne à les soumettre aux investigations des chercheurs.

* * *

I. Saint *Léonce*. — « Saint Léonce, premier evesque d'Avranches, vivoit environ vers la fin du IVe siècle : on a sujet d'en douter avec Cenalis si saint Leonce a esté apôtre d'Avranches, ou s'il en a esté seulement un des evesques; veu qu'il y a grande apparence que la foy y estoit plantée auparavant la fin du IVe siècle. Seulement il est constant que saint Leonce, qu'une constante tradition asseure avoir esté le premier evesque de ce diocèse, est différent de saint Leonce, evesque de Xaintes... Le Martyrologe romain fait mémoire, le 19, d'un saint Leonce, evesque, sans rien asseurer de son siège, ce qui fait conjecturer que c'est le jour de la feste de saint Leonce, premier evesque d'Avranches, que tous les habitants honorent sous ce titre ».

D'anciens catalogues placent en effet saint Léonce en tête des évêques d'Avranches. Cette attribution erronée vient d'une confusion de nom avec celui de saint Léonce ou Léontien, dont la *Gallia christiana* fait le troisième évêque de Coutances, vivant en 511 (1).

(1) Dans son *Histoire ecclésiastique de la province de Normandie*, Trigan ne dit pas un mot de ce saint Léonce, supposé évêque d'Avranches.

II. *Nepus*. — Premier évêque, d'après la *Gallia*. Il assista au Concile d'Orléans, en 511.

III. Saint *Perpétue*.

IV. *Gilles*.

V. Saint *Pair*. — « Saint Pair, que le vulgaire appelle saint Poix, saint Patier, saint Pater, saint Paterne... Son corps repose dans la paroisse de Saint-Poix-sur-la-Mer, où il a un beau tombeau ».

VI. Saint *Sénier*. — « Ou Sénateur ».

La châsse qui contenait ses reliques dans la cathédrale d'Avranches, fut brûlée par les calviniste en 1562.

VII. — Saint *Sever*. — « Il fut élu évêque d'Avranches contre sa volonté. Il gouverna cet évêché quelque temps, puis se voulut retirer en une solitude, où il y a présentement une abbaye (1) qui porte son nom au diocèse de Coutances, où il est mort ».

La *Gallia* et plusieurs auteurs font de saint Sever le second évêque d'Avranches, qui aurait succédé à Nepus. C'est peut-être une erreur. L'abbé Lecanu dit que saint Sever renonça à son évêché en 578.

VIII. Saint *Leodoüald*.

IX. *Childoald*. — « Childoald assista au Concile de Rheims sous l'archevêque Sonnatius, l'an 630, après lequel plusieurs noms des évêques d'Avranches sont perdus ».

La *Gallia* fait la même constatation.

X. *Fegase* ou *Fegasse*. — « Se trouve au nombre des évêques d'Avranches environ ce temps, mais je n'ay pu sçavoir en quelle année il vivoit. Il y a dedans l'évêché de Coûtances une eglise paroissiale sous le nom de Saint-Fraguere (1), que les peuples du lieu invoquent comme evêque d'Avranches, ils le nomment en latin

(1) Saint-Sever, aujourd'hui chef-lieu de canton, arrondissement de Vire (Calvados).

(2) A Beslon, canton de Percy, arrondissement de Saint-Lo (Manche).

Fregarius : ce peut estre *Fegasius*, dont le nom auroit esté changé par corruption et par laps de temps ».

XI. *Ragentramnus.* — « Ou Rabentranus, que les autres appellent Rabentrace », et la *Gallia* Ragertrannus.

A la suite de l'article sur cet évêque, la *Gallia* ajoute : « Subscriptus Joannes anno 689, Rotomagensi concilio sub Ausberto archipræsule, conjicitur a Joanne Bollando fuisse Abrincensis episcopus ». Nicole ne parle pas de ce Jean et l'assertion de Bolland et des Bénédictins ne s'appuie sur aucun fait certain.

XII. Saint *Aubert.* — « Fist bastir l'eglise du Mont-Saint-Michel, et la dedia à Dieu, sous l'invocation du même archange, environ l'an 709 ».

XIII. *Jean I.* — « Estoit evêque d'Avranches en l'an 840. Le nom de ses prédecesseurs ne se trouve pas depuis saint Aubert, ce qui me fait croire que l'injure des temps et des guerres nous a caché le nom de plusieurs de ceux qui, après avoir gouverné cette eglise, en sont allé recevoir la récompense de Dieu, devant qui leurs noms et leurs mérites sont écrits ».

Même remarque dans la *Gallia*. De son côté, M. l'abbé Pigeon, cité par M. Ch.-A. de Beaurepaire, place cet évêque après un pontife nommé Théodoric, qui aurait reçu Charlemagne à Avranches, en 800, et parle aussi de Norgod I, qui aurait vécu en 833.

XIV. *Remedius.* — La *Gallia* le place après le suivant.

XV. *Ansegaud.*

XVI. *Gualbert* ou *Walbert.* — « Que quelques-uns appellent Vualtier, vivoit l'an 850... L'injure des temps ou des guerres nous ont osté la memoire de plusieurs evesques qui ont gouverné l'Église d'Avranches en ce temps ».

XVII. *Norgot*, ou *Norgaud.* — « Il y a encore en ce temps le nom de quelques evesques qui ne se trouvent pas ».

XVIII. *Maingis* ou *Maugis.* — Nicole ne parle pas de Hugues Ier, évêque d'Avranches depuis 1027 ou 1028 jusqu'en 1058 ou environ.

« Tous les faits qui sont cités par le curé de Carnet, dit M. Ch.-A. de Beaurepaire, et qui se placent entre l'année 1027 et l'année 1058, doivent donc être reportés à l'épiscopat de Maugis ». Il serait singulier que les auteurs de la *Gallia* et D. Bessin aient attribué un épiscopat de trente ans et une foule d'actes qui sont des plus authentiques à un personnage douteux. Ils citent des textes où, pendant cette période, l'évêque d'Avranches est appelé *Hugo* et non *Maingisus*. S'il y a eu confusion de nom, elle a été, à mon sens, commise par Nicole, qui venait de déclarer à la fin de l'article sur Norgot, que le nom de quelques évêques de cette époque était inconnu. Il convient certainement de s'en rapporter à la *Gallia* en ce qui touche la biographie des évêques Maugis et Hugues Ier.

XIX. *Jean II* de Bayeux.

XX. *Michel I.*

XXI. *Turgis.*

XXII. *Richard I de Bellefay*, ou mieux *de Beaufay.* — La *Gallia* place après Richard I un évêque qu'elle nomme Herbert I, connu par une charte de 1130 en faveur de l'église de Mortain.

XXIII. *Richard II de Subligney*, ou mieux *de Subligny.*

XXIV. *Herbert.*

XXV. *Achard.*

XXVI. *Richard III.*

XXVII. *Guillaume I Burel* ou *Bureau.*

XXVIII. *Guillaume II* (ou III). — « Guillaume que le Cartulaire de l'abbaye de Savigny appelle Toloom, les autres Ptolom et qu'on nomme ordinairement Guillaume Foulon ou de Foulon ». La *Gallia* l'appelle Tollermen ou Tolomeus.

XXIX. *Guillaume III* (ou IV) *Buret*, ou mieux *Bureau.* — « Guillaume Buret *(sic)* le jeune succéda à Guillaume Toloom, ainsi que nous aprent la Cronique de Savigny. Peut estre qu'il pouroit [estre] le même que

XXX. « *Guillaume de Chemillé* ou *Chamillé*, qui fut evêque d'Avranches l'espace de trois ans, puis fut transféré à Angers. Ce prélat fut excommunié du Pape, d'autant qu'il s'étoit transféré de son siège d'Avranches à celuy d'Angers, sans y être autorisé par le Saint-Siège apostolique ».

Nicole se trompe, la *Gallia* place avec raison entre Guillaume I Burel et Guillaume Tollermen, ce Guillaume de Chemillé ou de Chimely, non cité par les Sainte-Marthe, qui reçut en 1196 de Richard, roi d'Angleterre, l'évêché d'Avranches, l'administra pendant quelque temps et, avant d'avoir reçu la consécration, fut transféré à Angers, en 1198.

XXXI. « *Guillaume d'Asseilley*, ou *d'Otteilley*, fut evêque d'Avranches en ce temps. Je n'ai pu sçavoir quelle année il fut éleu ».

Guillaume Burel le jeune, que Nicole place à tort avant Guillaume de Chemillé, et Guillaume d'Ottelley (ou d'Osseilley), ne sont qu'un seul et même personnage.

L'erreur du curé de Carnet est manifeste, puisqu'on lit dans la *Gallia* : « Willelmo Tolomeo defuncto successit Guillelmus alter *Burellus* junior, ex chronico Saviniaci, de Ostilleio cognominatus ».

XXXII. *Guillaume de Sainte-Mère Église.*

XXXIII. « *Hugues* succéda à Guillaume de Sainte-Mère-Église, il signa l'an 1264 à l'acte de donation que fit Robert de Sorbon, chanoine de Paris, de deux maisons pour les maîtres en théologie et escoliers y étudians, où est à présent le très célèbre et très fameux collège et maison de Sorbonne; le même Sorbon avoit déjà échangé les mesmes maisons avec saint Louys, roy de France, laquelle echange fut confirmée par Hugues, evêque d'Avranches ». D'après Nicole ce prélat serait mort en 1265.

La *Gallia* ne parle pas de cet Hugues.

XXXIV. « *Richard Langlois*, ou selon Cenalis *Richard Huge IV* du nom, qui fut nommé, confirmé et sacré l'an 1265, et mourut l'an 1269. Son corps repose dans la chapelle de la Vierge ».

Il y a, dans cette partie de l'œuvre de Nicole, des divergences considérables avec la *Gallia christiana*.

Les Bénédictins, comme je l'ai dit, ne font pas mention d'un évêque nommé Hugues. Ils citent entre Guillaume de Sainte-Mère-Église et Raoul de Thieuville :

1° Richard IV. « Omnibus in catalogis omissus Richardus se enunciatur in chronico Saviniacensi ad annum 1253... Recensetur adhuc annis 1253 et 1257 in libro nigro Lucernæ; et iterum anno 1257 in archivis Rotomagensis archiepiscopi ».

2° Guillaume IV. Selon la *Gallia* la propriété de la dîme de la paroisse de Chérencey aurait été reconnue en 1258 à l'abbaye de Lonlai par « W. episcopus Abrincensis ».

3° Richard V. « *Anglicus* cognominatus Richardus in chronico Sancti Michaelis, qui *Anglus* a Sammarthinis et a Roberto Cenali *Angelus*, etc. ».

Puis après l'article consacré à ce dernier évêque, les Bénédictins parlent de la présence d'un Hugues, évêque d'Avranches, aux actes passés à Paris en 1264 et dont il est fait mention par Nicole.

En réalité, les détails donnés par les Bénédictins démontrent qu'un certain Richard « dictus Laneus », chanoine d'Avranches, fut consacré évêque de cette ville par le Pape, alors qu'il se trouvait à Rome en 1253. Son élection fut contestée et c'est probablement pour ce motif que Nicole a passé sous silence ce successeur de Guillaume de Sainte-Mère-Église; mais il est fait mention de ce Richard, comme évêque d'Avranches, jusqu'en 1257 dans le livre noir de la Lucerne et dans des actes de l'archevêché de Rouen.

Quant au Guillaume, cité en 1257 et 1258, son introduction dans la liste des évêques d'Avranches doit provenir d'une mauvaise lecture d'un document. On aura pris la lettre R ou la lettre H pour un W, initiale de Willelmus.

Une autre difficulté reste à trancher.

Les Bénédictins font de Richard Langlois un évêque d'Avranches dès 1259. Ils le trouvent en cette qualité en 1262, en 1263, en 1264, en 1265, dans des actes authentiques, alors que Hugues, son prédécesseur d'après Nicole, confirmait comme évêque d'Avranches un acte où saint Louis figurait comme partie en cause, et ne mourait que l'année suivante. Ces contradictions soulèvent un problème intéressant, mais assez embarrassant à résoudre.

XXXV. *Raoul de Thieuville.*

XXXVI. *Geffroy Boucher.* — « Que les autres appellent Geffroy Charpentier ».

XXXVII. *Nicolas de Lusarche.*

XXXVIII. *Michel de Pontorson.*

XXXIX. « *Jean de la Mouche III* prit possession de l'évêché d'Avranches au mois de mars 1313, à quoy il fut opposé par Jean Tesson, curé de la paroisse de la Godefroy, lequel prétendait aussi y avoir droit; sur quoy se forma un procès entre ces deux parties, qui dura depuis ce temps jusques à l'an 1316 qu'il fut jugé en faveur de Jean de la Mousche ». La *Gallia* dit : « Numquid et tertius accessit competitor Guillelmus quem a Johanne XXII confirmatum, regique commendatum anno pontificatus primo legimus? »

XL. *Jean IV de Vienne.* — « Trois ans après son élection, n'étant point encore consacré, il fut transféré à Tervanne, et de là à l'archevêché de Reims ».

XLI. « *Jean V Haut-Frine*, que les autres appellent Austrien ». La *Gallia* dit : « Cognomento *Austfrien*, al. *Hautfune*, Johannes, corrupte *Hautfrime* ». Le vrai nom de ce prélat est Hautfuné (1).

XLII. *Foulques Bardol*, ou mieux Bardoul.

XLIII. *Robert I de la Porte.*

XLIV. *Laurens de la Faye*, ou mieux *Laurent de Faye.* — « Fut nommé à l'evêché de Bayeux, puis vint gouverner celuy d'Avranches onze ans, sçavoir depuis l'an 1379, jusques à l'an 1390 qu'il mourut : il assista à la translation de saint Vincent Ferrier à Vannes, où il fut présent à l'ouverture de son tombeau et à l'elevation de ses saintes reliques ». Ici Nicole a commis deux erreurs. C'est de Saint-Brieuc et non de Bayeux que Laurent de la

(1) V. Léopold Delisle, *Actes concernant les évêques de Coutances et d'Avranches conservés dans les collections de Gaignières. (Annuaire du département de la Manche*, 1893).

Faye était évêque avant de le devenir d'Avranches. En outre, ce prélat ne peut avoir assisté à la translation des reliques de saint Vincent Ferrier, lequel mourut seulement en 1419.

XLV. *Jean VI de Saint-Avit.*

XLVI. « *Philbert de Mont-Joye*, en latin *Monte-Joco*, fit ses protestations ordinaires à l'eglise metropolitaine de Rouen, en qualité d'evêque d'Avranches, comme il se voit par les registres du Chapitre de Rouen, dans lesquels on trouve son nom, sans l'avoir pu recouvrer en aucun autre lieu, les registres de Rouen sontt dattés de l'an 1442 ».

Les Sainte-Marthe ont fait figurer ce personnage au nombre des évêques d'Avranches. Les Bénédictins s'en sont abstenu avec raison et pensent qu'il s'agit peut-être de Philibert de Montjeu, évêque de Coutances en 1424; mais ce prélat était mort en 1439.

XLVII. *Martin Pinard.*

XLVIII. *Jean VII Boucard.*

XLIX. *Louis de Bourbon.* « En l'an 1493, il reconcilia l'eglise paroissiale de Carnet, erigée sous l'invocation de la Sainte-Vierge, en sa nativité, elle avoit été profanée par les confreres de la confrairie de la Nativité de la Vierge, qui avoient de coûtume de disner ensemble le soir de cette feste dedans cette eglise; d'où il arriva qu'après le disner ils la profanerent : ce prélat s'y transporta, la reconcilia, defendit sous peine d'excommunication de faire pareilles assemblees dedans l'eglise. Cette ancienne confrairie a continué jusques à l'an 1621, qu'elle a été unie à la confrairie du Rosaire ».

L. *Louis II Hebert*, ou *Herbert.*

LI. *Jean VII de Langeac.* — Nicole ne signale pas que le cardinal Trivulce, nommé évêque d'Avranches, le 2 mai 1526, n'accepta pas.

LII. *Robert Cenalis,* ou mieux *Ceneau.* — Nicole fait le plus grand éloge de ce prélat « estraordinairement savant, grand theologien, un des fameux historiographes de France », et énumère ses œuvres nombreuses, dont malheureusement celle qui a le plus d'importance pour l'histoire de notre province est encore inédite. C'est la *Hierarchia Neustriæ quinque libri partita*, composée vers 1513 et dont le manuscrit se trouve à la Bibliothèque nationale de Paris. M. Frère, dans son *Manvél du Biographe normand*, dit que le premier livre se compose d'une description du diocèse d'Avranches; le second, d'un tableau des évêques de ce diocèse; le troisième, de la chronologie des archevêques de Rouen; et les deux derniers, de pièces détachées. Il serait bien à désirer qu'une compagnie savante entreprît la publication de cette œuvre si intéressante. La Société de l'Histoire de France ou celle de l'Histoire de Normandie ne le feront-elles pas quelque jour?

LIII. *Anthoine le Cirier.* — Sous son épiscopat, la cathédrale fut saccagée par les Huguenots. La *Gallia* ne parle pas de cet évènement. Voici ce qu'en dit Nicole : « Ce fut l'an 1563, au mois d'avril, que l'eglise cathedrale fut pillée par les heretiques sacramentaires qui y firent tout le degast, dont l'impiété armée et victorieuse etoit capable : ils brulerent toutes les pancartes, titres, cartulaires, les chaires du chœur, les livres et après avoir dépouillé les chasses et reliquaires de l'or et argent qui les enfermoit, ils jetterent toutes les saintes reliques de l'églıse qu'ils pûrent rencontrer, dedans les flammes, sacrilege, le corps de saint Senier, avec quatre chasses de saintes reliques furent réduites en cendres : puis après avoir fait passer par le feu ce qu'il y avoit de plus auguste, ils enleverent tout ce qu'ils purent trouver d'ornements précieux, d'or, d'argent, de calices, de vases sacrés, et de meubles à l'usage de l'eglise : après avoir depouillé le premier temple du diocese, ils se jetterent impunêment dans les eglises particulieres, où ils ne laisserent rien de precieux ny de saint, et comme s'ils avoient voulu adjoûter quelque chose à la cruauté d'Herodes, ils jetterent dedans le feu le corps d'un des innocens, qui etoit conservé à Saint-Saturnin d'Avranches, plusieurs pretres, et même un abbé, furent immolés à leur fureur ».

LIV. *Augustin le Cirier.* — « Frere du precedent ». La *Gallia* dit : « Decessoris ex fratre nepos ».

LV. *Georges Pericard.*

LVI. *François Pericard.* — « Henry Boivin, son neveu,... son coadjuteur dans l'évêché... fut consacré évêque de Tarse [en Cilicie] dans l'église cathedralle d'Avranches... C'était un homme très pieux et très sçavant, bon predicateur, rempli d'un zèle apostolique ».

LVII. *Charles Vialart.*

LVIII. *Roger d'Aumont.*

LIX. *Gabriel de Boylesve.*

François d'Aligre, dont Nicole ne fait pas mention, fut nommé à l'évêché d'Avranches, en février 1668, mais il n'accepta pas.

LX. *Gabriel Philippe de Froullay de Tessé.* — Pour compléter les éloges qu'il avait adressés à Mgr de Froullay, dans son épître dédicatoire, Nicole ajoute en terminant son livre : « Ce prélat gouverne son diocese avec une pieté, un zele et une prudence apostolique, il est extremement aymé et honoré de son clergé et de son peuple, qui ont trouvé en sa personne l'amour d'un pere bien-faisant, les soins d'un pasteur vigilant et le zele d'un prelat éleu selon le cœur de Dieu; afin d'être tout à tous, et tout à chacun, et que tout le monde receut de luy toute la satisfaction qu'il en pourroit esperer, et avec toute la promptitude possible, il a etably un conseil d'ecclesiastiques des mieux éclairés en la presence desquels il decide toutes les affaires de son diocèse, avec tant de prudence, d'exactitude et avec une justice si entière et si prompte que personne n'a rien à souhaiter ».

*
* *

Après Mgr de Froulay, mort le 4 mai 1689, les prélats qui se succédèrent sur le siège d'Avranches furent : Fabio Brulart de Sillery, que la *Gallia* ne compte pas au nombre des évêques de ce diocèse, parce que, quelques mois après sa nomination et avant d'avoir été consacré, il permuta avec le suivant, alors évêque nommé de Soissons; — Pierre-Daniel Huet; — Roland-François de Kerhoent de Coëtanfao; — César le Blanc; — Pierre-Jean-Baptiste Durand de Missy; — Raymond de Durfort-Léobard; — Joseph-François de Malide; — Pierre-Augustin Godard de Belbeuf.

Le diocèse d'Avranches, supprimé en 1790, ne fut pas rétabli par le Concordat; mais les titulaires du siège de Coutances portent aujourd'hui le titre d'évêques de Coutances et Avranches.

Evreux. — Imp. de l'Eure, L. Odieuvre, 4 bis, rue du Meilet.

www.ingramcontent.com/pod-product-compliance
Lightning Source LLC
LaVergne TN
LVHW010222230826
846091LV00008BB/3624

9782019216139